AF221359

Auf nach
Paris

*Der perfekte Reiseführer für einen
unvergesslichen Aufenthalt in Paris*

inkl. Insider-Tipps, Tipps zum
Geldsparen und Packliste

Lisa Weber

✈ INHALT

Das erwartet Sie in diesem Buch

Frankreich ist eines der schönsten Länder überhaupt. Man denke nur an die Basilica minor Sacré-Cœur de Montmartre, die weiße Kirche in Paris, sowie an den Eiffelturm, auf dem man eine fantastische Aussicht genießen kann.

Sie erfahren alles über die Stadt Paris – die besten Restaurants, Touristenattraktionen, Hotels, Anreise, die Bewohner und die Geschichte dieser bezaubernden Stadt.

Die Geschichte von Paris

Seit Mitte des 3. Jahrhunderts v. Chr. entwickelte sich die Stadt aus der keltischen Siedlung Lutetia, die sich auf der Seine-Insel befand, die heute den Namen " Île de la Cité" trägt. Die Umgebung der Seine war sehr morastig: dort war ein Sumpf, der sehr breit war und von Süden bis zu den damaligen Thermen von Cluny reichte. Abgesehen vom Montmartre gab es nur sehr wenige Plätze, die begehbar waren.

Um 52 v. Chr. herum eroberten die Römer Paris, nannten die Stadt allerdings Lutetia. Diese Bezeichnung finden Sie auch in Julius Caesars Schrift „De Bello Gallico". Sie existiert seit dem Jahr 57 v. Chr.

Natürlich wuchs die Stadt. Die Menschen bauten verschiedene und viele Gebäude. Das ging so lange, bis der Zusammenbruch des Römischen Reiches bevorstand. 400 n. Chr. war die Stadt nur noch gering besiedelt.

580 n. Chr. nahm Paris erstmals eine bedeutende Rolle ein. Der damalige fränkische König Chlodwig ernannte es zur Hauptstadt des Landes der Franken. Für weitere 500 Jahre herrschten die Nachkommen von Chlodwig: die Karolinger.

Mit der Errichtung der Notre-Dame und der Sorbonne nahm die Stadt richtige Formen an. Es dauerte nicht lange und Paris wurde zum geistigen und kulturellen Zentrum.

FRÜHMITTELALTER

Richtige Bedeutung gewann die Hauptstadt allerdings erst im Frühmittelalter. 508 wurde Paris zur Hauptresidenz des Reiches der Franken. Chlodwig I. ließ Kirchen errichten, welche in „Petrus" und „Paulus" benannt wurden, diese bekamen im 9. Jahrhundert allerdings den Namen "Abtei Sainte-Geneviève". Sie wurde nach der Schutzpatronin der Stadt "Genoveva von Paris" benannt (422–502). Um diese Schutzpatronin besteht eine spannende Legende: Demnach soll sie durch die Kraft ihrer Gebete den Hunnenkönig Attila abgewehrt haben.

Die Hunnen wurden schließlich von den römischen Truppen unter der Führung von Flavius Aetius und mithilfe des Salfranken Merowech, den Burgundern und den Westgoten geschlagen. Dies geschah im Jahre 451.

Nachdem Chlodwig gestorben war, im Jahre 511, folgte sein Sohn Childebert I. (497–558). Unter ihm wurde die Stadt zu einem fränkischen Teilkönigreich. Nach seinem Tod (517–567) haben seine Brüder das Reich unter sich aufgeteilt. Im Jahre 586 kam der "Große Brand" und zerstörte fast alle Gebäude in der Stadt. Darauf folgte ein strenger Winter

(763–764), selbst die Seine gefror bis auf ihren Grund. Dies hatte Hungersnot zur Folge. Karl der Große beschloss im Jahre 794, Aachen zu der Residenzstadt des fränkischen Reiches zu machen. Daraufhin verlor Paris an Bedeutung. Als das 9. Jahrhundert anbrach, wurden die Wikinger auf Paris aufmerksam und griffen die Stadt wiederholt an, dies geschah in den Jahren 845, 858, 861 und 869. Dabei wurde sie vollständig niedergebrannt.

Die fünfte und letzte Belagerung erlitt Paris in den Jahren 885 und 886. Dem Pariser Grafen Odo gelang die Verteidigung und er schaffte es, 13 Monate lang der Belagerung standzuhalten. Leider wurden unbefestigte Mauerwerke vor den Toren von Paris zerstört. Als sie sich des Sieges sicher waren, beschloss Graf Odo, den regierenden König Karl den Dicken im Jahre 888 zu entthronen, um selbst die folgenden 10 Jahre als König zu regieren. Nachdem Ludwig V. gestorben war, wurde, der als Herzog von Franzien bekannte Hugo Capet im Jahre 987 zum König gewählt. Hugo Capet beschloss, Paris zur Hauptstadt von Frankreich zu machen. Außerdem gründete er das Geschlecht der Kapetinger. Die Herrschaft der direkten Linie dauerte bis 1328.

Aufgrund seiner Kultur ist Paris auch heute noch ein beliebtes Anreiseziel. Touristen aus aller Welt tummeln sich das gesamte Jahr über dort. Jedoch ist Paris ein teures Pflaster, angefangen bei Hotels über Essen und Eintritte.

BEWOHNER VON PARIS

Mehr als 2,2 Millionen Menschen zählen zu den Bewohnern dieser Stadt. Die Einwohnerzahl nimmt immer mehr zu.

Paris weist jedoch nur 105 Quadratkilometer an Fläche auf, dies ist verhältnismäßig klein. Daher gehört die französische Metropole zu den europäischen Großstädten, die am dichtesten besiedelt sind.

Klischees und Bräuche

Welche Klischees über Franzosen kennt man nicht: Sie lieben Baguette, mögen keine andere Sprache als ihre eigene, sind mürrisch und arrogant. Nur, warum halten sich diese Klischees so hartnäckig? Hier möchte ich Sie aufklären.

KLISCHEES

Ein kurzer Überblick der häufigsten Klischees der Franzosen sind:

1. Die Kleidung
   Der typische Franzose trägt eine Baskenmütze, einen Schal in der Farbe Rot und außerdem eine Weste mit Streifen, namens "Marinière".

2. Franzosen tragen immer und überall ein Baguette unter ihrem Arm, weil sie den lieben langen Tag nichts anderes essen.

3. Essen und Kochen bestimmen den Alltag von Franzosen. Auch wird ihnen nachgesagt, nichts anderes als Käse, Rotwein, Schnecken und Froschenkel zu verspeisen.

4. Franzosen arbeiten wenig, sind besonders Urlaubs-freudig, demonstrieren und streiken gern. Vor allem aus jedem Anlass.

5. Frauen aus Frankreich verkörpern eine Eleganz, achten auf ihre Figur und stehen nur auf Haute Couture.

6. Franzosen, besonders die aus Paris, sind keine Vorbilder was Höflichkeit angeht. Sie sind direkt, sogar arrogant, sowie herablassend gegenüber anderen, besonders gegenüber Touristen.

7. Franzosen sind immer sehr charmant und nur romantisch.

8. Da sie immer Parfums tragen, achten sie nicht auf Hygiene.

9. Franzosen beherrschen keine Fremdsprachen.

10. Als Feingeist mag der Franzose, natürlich, Literatur, die "Cafés philosophique" und, selbstverständlich, Debatten bis ins Endlose, in der Hoffnung, die Welt ändern zu können.

Nun, jeder französische Stereotyp enthält ein Körnchen Wahrheit. 35.000 Bäckereien kann Frankreich vorweisen, welche um die sechs Milliarden Baguettes verkaufen und das pro Jahr! In Bezug auf Brot sind die Franzosen nicht die Vorreiter. Die Deutschen, Bulgaren, Serben oder Griechen beispielsweise vertilgen mehr an Brotwaren. Die Deutschen sind die Europameister, was das Kaufen von Brotwaren angeht. Es sind immerhin 85 kg pro Person und Jahr.

Zu den französischen Essgewohnheiten kann ich Ihnen folgendes sagen: Es ist wahr, dass ihnen die Mahlzeiten wichtig sind. Im Gegensatz zu Deutschland beispielsweise kann eine französische

Mittagspause gern mehr als eine Stunde, bzw. anderthalb Stunden betragen.

Es ist außerdem übertrieben zu meinen, dass Franzosen nicht oder nur wenig arbeiten. Jedoch beträgt die gesetzliche Arbeitszeit, pro Woche, nur 35 Std. und das ist, im Vergleich zu Deutschland mit 40 Arbeitsstunden, nicht viel.

Die Franzosen sind jedoch große Käse-konsumenten. Sie sind eindeutig die „Käseweltmeister", so verspeisen sie über 26 Kilo Käse in jedem Jahr.

Kommen wir zu dem berühmten Spitznamen "Froschfresser". Dieser ist nicht gerechtfertigt. Die Einheimischen essen wenig oder keine Froschschenkel, sie werden eher von Touristen verspeist. Darüber hinaus werden diese in der Karibik sowie in einigen afrikanischen Ländern verzehrt und sind daher keine Besonderheit, die aus Frankreich stammt.

KLISCHEES UND IHRE URSPRÜNGE

Es gibt einen Film, der in Frankreich spielt, durch den Klischees über eine bestimmte Region verbreitet werden. Dort wird von Menschen aus Südfrankreich verbreitet, dass es im Norden von Paris immer nur „unschön", also kalt und am Regnen sei. Und das, obwohl z. B. die Region „Bretagne" immer ziemlich milde Temperaturen hat. Außerdem sind dort Frost und Schnee nur selten zu finden.

Wenn Sie oder einer Ihrer Freunde und Bekannten einmal in Frankreich waren, werden Sie oder Ihr Umfeld festgestellt haben, dass nur wenige Menschen die Baskenmütze oder eine Weste mit Streifen tragen. Diese eher speziellen Mützen werden von Bewohnern des „Béarn" und in der gleichnamigen Region, dem „Baskenland", getragen. Haben Sie schon einmal etwas von den Baretten der Legionäre oder den großen Baretten der Alpenjäger gehört? Diese werden ebenfalls nicht getragen. Hingegen die Marinière wurde von Bretonen getragen. Diese Bewohner werden oft als dickköpfig oder als eigensinnig wahrgenommen.

Es ist nicht verwunderlich, dass Bretonen ihre Flagge und Sprache verteidigen, wurden sie in der Vergangenheit doch als Zielscheibe von Vorurteilen genutzt. Die Franzosen nutzen ein bestimmtes Wort, das Wörtchen „plouc", welches ein abwertender Begriff für unhöfliche, tollpatschige oder schlecht gekleidete Personen ist. Historiker gehen davon aus, dass das Wort „plouc" Anfang des 20. Jahrhunderts genutzt wurde, um Bretonen zu bezeichnen, die in die Hauptstadt kamen und auf Arbeitssuche waren. Daher ist deren Verhalten nicht verwunderlich. Jeder von uns hat, leider, Vorurteile gegenüber Menschen aus anderen Ländern. Jedoch sollte man sich immer selbst davon überzeugen, ob diese wahr sind oder nicht, und dies geht am besten, wenn Sie offen gegenüber anderen Kulturen und anderen Ländern sind.

Das Leben in der Stadt

Paris wird gern als die Stadt der Liebe und des Lichts gesehen. Kein Wunder, dass viele Menschen diese Stadt besuchen und sogar dort leben wollen. Doch was ist da dran?

Möchte man zum Beispiel dorthin auswandern, sollte man vorher die Sprache lernen, denn ohne sogenannte "Basics" kommt man nicht weit. Leider spricht die Bevölkerung dort schlecht Englisch und so fällt die Kommunikation recht schwierig aus. Dazu kommt, dass es unabdingbar ist, Französisch zu lernen, wenn man eine Wohnung mieten, ein Bankkonto eröffnen oder Weiteres machen will.

Man möchte sich wundern, jedoch wird in Paris eine Stromrechnung als gültiger Adressnachweis angesehen. Deutschland hat dafür die Meldepflicht. Diese gibt es, jedenfalls für EU-Bürger, nicht. Als Auswanderer bekommt man diese allerdings nicht so leicht, daher ist es nötig, jemanden zu haben, der einen erst einmal aufnimmt, damit man sich in Ruhe um alles weitere kümmern kann.

Frankreich, und vor allem Paris, ist teuer. Egal, ob man als Student oder Fachkraft auswandert. Studenten haben es nicht einfach, eine Wohnung zu finden, welche bezahlbar ist und als Fachkraft ist es quasi unmöglich. Der Grund dafür ist, dass Studenten in der Regel Eltern haben, die sich für sie verbürgen, die Miete zu zahlen, und ein Angestellter muss nachweisen können, dass das Gehalt dreimal so hoch ist wie die Miete, die zu zahlen ist. Das bedeutet, wer sich beispielsweise für eine Wohnung mit 30 m² für 750 Euro Kaltmiete bewirbt, derjenige muss ca. 3.000 Euro Nettolohn vorweisen können. Zur Information: Mindestlohn, brutto, in Frankreich ist derzeit bei 1.460 Euro. Dazu kommen noch Kosten für

Lebensmittel, Benzin, Haushaltsartikel etc. Das meiste davon ist viel teurer als in Deutschland.

Um ein Bankkonto in Paris bzw. Frankreich eröffnen zu können, werden jede Menge Papiere benötigt, wie zum Beispiel eine Stromrechnung, die Kopie Ihres Passes, Ihr Arbeitsvertrag oder die letzten drei Lohnabrechnungen, bzw. jeder andere Einkommensnachweis. Außerdem sollten Sie sich bei Banken informieren bzgl. deren Konditionen, Kontoführungskosten und anfallenden Kosten im Falle eines überzogenen Kontos. Meistens ist es so, dass Sie im Zeitfenster von einer Woche eine Visa- oder Kreditkarte und ein Scheckheft von Ihrer ausgesuchten Bank gestellt bekommen.

In Paris bzw. in Frankreichs Großstädten überhaupt herrscht Platzmangel. Dazu kommt, dass immer mehr Menschen nach Paris kommen, dies führt dazu, dass es entsprechend schwierig ist, eine Wohnung dort zu finden. Studenten haben außerdem die Möglichkeit, sich über ihr Austauschprogramm zu informieren, ob eventuell eine Wohnungsvermittlung möglich ist. Begehrte Unterkünfte für Stundeten bietet die Cité Universitaire an. Sollte eine Abreise geplant sein, dann ist es am besten, lange vorher nach einer Wohnung zu schauen. Zu den bekanntesten Wohnungsplattformen im Internet zählen die Seiten *A vendre à louer* oder PAP. Außerdem ist es für Studenten und Fachkräfte hilfreich, ein Bürgschaftsschreiben auf Französisch zu verfassen, dass im Notfall jemand die Miete zahlen kann.

HÖFLICHKEIT

Franzosen entschuldigen sich bei jeder Möglichkeit. Ein Beispiel: Wenn Sie irgendwo vorbei möchten bzw. jemandem im Weg stehen, entschuldigen Sie sich und sagen "Excusez-moi, s'il vous plait", auch, wenn Sie jemanden versehentlich berühren oder anstoßen. "Bitte" sowie "Danke" gehören zum täglichen Vokabular. Franzosen finden es außerdem nicht besonders gut, wenn sich jemand vordrängelt. Gesprochen wird in öffentlichen Verkehrsmitteln, wenn überhaupt, nur sehr leise. Außerdem wird ein direkter Blickkontakt vermieden. Ein absolutes No-Go ist auch, sich in einem Restaurant selbst einen Platz zu suchen.

DAS LAND UND DIE MENSCHEN

Selbstverständlich kann man kein gesamtes Land in nur einem Buch, bzw. Ratgeber, beschreiben. Jedoch wirken viele Pariser oft sehr gestresst, unhöflich und kalt. Doch der Schein trügt. Dies liegt ganz einfach daran, dass der Alltag ziemlich anstrengend ist. Überall sind viele Menschen, immer nur Gedrängel, dann der ganze Lärm, der Schmutz, die ganzen Streiks, S-Bahnen, die entweder überfüllt sind oder zu spät kommen. Es ist also nachvollziehbar.

Wenn Sie sich von dem Ganzen nicht abschrecken lassen, ist es Zeit, die Koffer zu packen und nach Frankreich, bzw. in diesem Falle, Paris zu reisen oder auszuwandern, da es, natürlich, auch wunderbare Orte und nette Menschen gibt.

Attraktionen in Paris

DER EIFFELTURM

Kommen wir nun zu den Sehenswürdigkeiten. Was sollte ich mir anschauen? Was darf ich, als Tourist, gar nicht verpassen? Ich werde Ihnen einige Sehenswürdigkeiten und Attraktionen aufzählen und erklären.

An erster Stelle steht, wie soll es auch anders sein, der berühmte Eiffelturm. Er ist **das** Pariser Wahrzeichen. Doch woher kommt der Eiffelturm eigentlich, fragen Sie sich? Eine kurze Information dazu: Er wurde von 1887 bis 1889 errichtet und steht für den 100. Jahrestag der Französischen

Revolution. Er wurde nach dem Erbauer Gustave Eiffel benannt und zum Errichtungszeitpunkt maß er 312 Meter Höhe. Der Turm war, von seiner Erbauung bis zur Fertigstellung des Chrysler Buildings 1930 in New York, das höchste Bauwerk der Welt.

Sollten Sie sich hinauf wagen, können Sie bis zur Spitze hoch. Von dort erwartet Sie ein atemberaubender Ausblick. Lassen Sie sich diesen nicht entgehen.

DAS WACHSFIGURENKABINETT

Gehört haben alle schon einmal davon: Grévin Museum Paris. Mittlerweile gehört zu jeder Hauptstadt ein Wachsfigurenkabinett. London, Hongkong und Amsterdam beispielsweise haben jeweils eines der Kabinette von Madame Tussauds. Diese Museumskette geht eigentlich auf eine französische Frau zurück, doch überraschenderweise besitzt Paris keines ihrer Kabinette. Stattdessen können Sie im 9. Arrondissement in Paris das sogenannte Grévin Museum finden. Madame Tussauds ist ein öffentliches Museum, das Grévin allerdings nicht. Es ist ein privates. Es existiert seit 1882. Im Inneren warten auf

Sie nicht nur Wachsfiguren, die im Übrigen in Lebensgröße gebaut wurden, sondern dort können Sie auch wunderschöne Dekorationen aus der Barock-Zeit bewundern. Gewisse Säle, die für Ausstellungen genutzt werden, sind noch nie geändert worden, das heißt, sie existieren seit dem Jahre 1882, in dem das Kabinett eröffnet wurde.

Wussten Sie, dass es bis ins 17. Jahrhundert üblich war, das Gesicht eines königlichen Familienmitglieds in Wachs festzuhalten? Dieses Gesicht wurde dann für die gesamte Bevölkerung öffentlich ausgestellt. Im 18. Jahrhundert entwickelte sich aus dieser Tradition echte Kunst. Kurz danach eröffnete das erste Wachsfigurenmuseum überhaupt in Frankreich. Ausgestellt waren unter anderem Gesichter von Maria-Theresa, sie war die Ehefrau von Ludwig XIV., und ihrer Entourage. Das Grévin Museum folgte kurz darauf und zählt bis heute zu den beliebtesten Kabinetten der Welt.

Wenn Sie sich dazu entschließen, diesem Museum einen Besuch abzustatten, dann erwartet Sie direkt zu Beginn eine optische Illusion in dem Spiegelsaal, der eine Lichtshow beinhaltet. Danach geht es direkt zu den Wachsfiguren. Das Museum wurde, kürzlich sogar erst, frisch renoviert und zeigt berühmte Personen aus Frankreich, sowie Stars aus aller Welt.

Sie haben leider keine Einladung für den roten Teppich bekommen? In diesem Museum können Sie, glücklicherweise, Fotos nachholen, welche Sie mit George Clooney oder Ryan Gosling zeigen. Neidische Blicke sind garantiert!

Sie waren nicht persönlich bei der Fußballweltmeisterschaft in Russland? Kein Problem, in diesem Museum können Sie ganz einfach Bilder mit Mbappé, Ronaldo und Messi machen lassen.

Der Besuch im Grévin Museum ist sehr eindrucksvoll, da Sie die Geschichte von Paris nacherleben können. Vom Alltag Ludwigs XIV., der in Versailles lebte, bis zu Jeanne d'Arc, die auf einem Scheiterhaufen hingerichtet wurde. Darüber hinaus können Sie mehr über Napoleon und Charles de Gaulle erfahren. So können Sie die großen Persönlichkeiten Frankreichs einmal treffen.

Und, wenn Sie Glück haben, treffen Sie auf die englische Queen oder die Bundeskanzlerin Angela Merkel.

Erwachsene und Menschen ab 16 Jahren zahlen für den Eintritt 24,50 Euro und Kinder im Alter von 5–15 Jahren liegen bei 18,50 Euro. Wenn Sie Kinder unter 5 Jahren dabei haben, dürfen diese kostenlos in das Museum. Es ist ratsam, die Tickets mindestens 5 Tage im Voraus und an einem bestimmten Tag zu kaufen, denn so können Sie am Preis sparen. Online liegt der Preis dann bei 20 Euro für Erwachsene und für Kinder 16,20 Euro.

DER „ARC DE TRIOMPHE"

Dieser Torbogen ist der größte der Welt. Eine kurze Information dazu: Napoleon wollte wohl etwas Bedeutendes errichten lassen, damit sein Sieg gegen Austerlitz in Erinnerung bliebe. Und so wurde in dem Jahr 1806 dieser Torbogen errichtet. Er misst 50 Meter und darunter finden Sie das sogenannte „Grab des unbekannten Soldaten", welches eine berühmte Gedenkstätte ist. Sie soll an die Toten des Ersten Weltkriegs erinnern, die niemand identifizieren konnte.

Wussten Sie, dass es noch einen zweiten Triumphbogen gibt, der von Touristen oft mit dem 50

Meter hohen Wahrzeichen verwechselt wird? Die Rede ist vom „Arc de Triomphe du Carrousel". Diesen hat ebenfalls Napoleon bauen lassen und ist, selbstverständlich, nicht weniger sehenswert. Sie können ihn zwischen Louvre und Tuilerien finden.

DER „OBELISK VON LUXOR"

Auf der historischen Achse in Paris ist der Obelisk von Luxor zu finden. Er misst über 23 Meter, wiegt 230 Tonnen und besteht aus Granit. Dieser Obelisk stammt tatsächlich aus Ägypten, wo ihn der damalige Pharao „Ramses II.", im 13. Jahrhundert v. Chr. errichten ließ. Er flankierte gemeinsam mit seinem Gegenstück den Durchgang des Pylons im Tempel des Luxors. Außerdem steht er immer noch genau dort, wo Ramses II. ihn hat erbauen lassen.

DER „LOUVRE"

Der Louvre zählt zu den bekanntesten Museen der Welt überhaupt und in seinem Inneren finden Sie, darüber hinaus, das bekannteste Gemälde, welches wohl jemals gemalt wurde. Die Sprache ist von dem

Gemälde der „**Mona Lisa", welches der berühmte Maler Leonardo da Vinci erschaffen hat.** Der Herzog Jean de Berry, er lebte in den Jahren 1340 bis 1415, hatte eine große Sammlerleidenschaft. Sie können auch heute noch in den Genuss einiger seiner gesammelten Werke und Buchmalereien kommen. Eine kurze Information dazu: diese wirklich einzigartigen Gemälde kamen erst unter dem damaligen König Franz I., 1515-1547, dazu. Sie befanden sich zu dieser Zeit noch in dem Schloss „Fontainebleau". Im Jahre 1517 richtete Franz I. dem, damals schon gealterten Leonardo da Vinci ein Domizil an der „Loire" ein. Doch nicht ohne Grund: Durch diese „Freundlichkeit" kam der König in Besitz von da Vincis Werken, nachdem dieser gestorben war. Die Sammlung ist jedoch viel zu groß, um sie zu beschreiben oder aufzuzählen, daher machen Sie sich am besten selbst ein Bild im und vom „Louvre".

DIE „GLASPYRAMIDE(N) IM INNENHOF DES LOUVRE"

Fast jedem sind sie ein Begriff, allein schon aus dem sehr bekannten Film, welcher den Titel des Malers, der oben genannt wurde, beinhaltet: die Glaspyramide(n) im Louvre. Sie zählen zu den aktuelleren Sehenswürdigkeiten der französischen Hauptstadt. Der Bau startete 1985 und endete 1989. Sie sind der Haupteingang des Museums. Man sollte nicht vergessen, dass dem Pyramiden-Bauwerk des Louvre zusätzlich noch drei weitere Pyramiden angehören, die in bestimmten Ausstellungsbereichen für genügend Licht sorgen sollen.

Allerdings ist von außen nicht direkt zu erkennen, dass es fünf Pyramiden gibt und nicht nur vier. Die fünfte Pyramide ist die entgegengesetzte im Eingangssalon des Louvre.

DER „JARDIN DES TUILERIES"

Dieser ist westlich vom Platz der Eintracht zu finden. Im Osten können Sie den Louvre bestaunen und südlich davon befindet sich dann die Seine. Nördlich liegt die Rue de Rivoli. Dieser Garten wurde in der

Mitte des 16. Jahrhunderts eigens für die damalige Königin, welche den Namen „Katharina von Medici" trug, errichtet. Sie können ihn im Stil der italienischen Renaissance bewundern. Dieser private Garten wurde als Ergänzung zum Palais des Tuileries gebaut. Er fiel im 19. Jahrhundert dem Brand zum Opfer. Die verschiedenen Regenten Frankreichs gestalteten ihn mehrfach um. Heute erstrahlt der Jardin des Tuileries im Stil des französischen Barocks.

„NOTRE-DAME"

Die Kathedrale ist nicht nur eine beliebte Attraktion in Paris, sondern auch eines der bekanntesten Bauwerke. Wahrscheinlich hat Victor Hugos Roman, der 1831 erschien, "Der Glöckner von Notre-Dame" zu dieser Popularität beigetragen. Übersetzt ins Deutsche bedeutet der Name übrigens „Unsere Liebe Frau von Paris". Der Bau dieser einzigartigen Kathedrale startete schon im 12. Jahrhundert, allerdings umfasste ihr Bau ganze 200 Jahre.

An Berühmtheit erlangte die Notre-Dame allerdings wegen ihrer wunderschönen Rosen, die in die farbenfrohen Kirchenfenster eingearbeitet wurden.

Im Inneren der Notre-Dame werden Sie nicht nur Kreuze oder Gewänder finden, welche die früheren Priester trugen, sondern auch Jesus' Dornenkrone, welche er bei seiner Kreuzigung tragen musste. Sie konnte bei dem Brand am 15.04.2019 mitsamt anderen Kirchenschätzen gerettet werden. Leider konnte nicht alles gesichert werden, der Dachfirst von der Notre-Dame ist komplett ausgebrannt, der Turm, der auf dem Dachgiebel stand, ist in sich zusammengefallen. Allerdings schaffte die Pariser Feuerwehr es, die Struktur des Turmes zu retten. Die beiden Haupttürme, die quasi das Wahrzeichen der Notre-Dame sind, konnten ebenfalls vor schlimmeren Schäden bewahrt werden. Es wird dauern, womöglich einige Jahrzehnte, doch Notre-Dame wird rekonstruiert werden.

DIE „SACRÉ-CŒUR"

Zu den weiteren Wahrzeichen Frankreichs zählt die Basilika Sacré-Cœur. Erbaut wurde diese strahlend weiße Kirche in den Jahren 1875 bis 1914. Sie steht auf dem Hügel "Butte de Montmartre" und im Inneren ist das größte Mosaik Frankreichs zu bewundern, welches ganze 480 Quadratmeter groß ist. Dieses Mosaik, auch "Mosaïque du Christ en gloire" genannt, zeigt ein sehr bedeutendes Bild für religiöse, aber auch für historisch interessierte Menschen: Jesus, der ganz in Weiß gekleidet ist. Er steht dort und wird mit ausgebreiteten Armen und einem goldenen Herzen mit Dornenkrone abgebildet. Ein kleiner Tipp am Rande: Denken Sie daran, Smartphone- oder Digicam-Akkus aufzuladen. Denn Sie sollten sich den Platz vor der Kirche unbedingt anschauen, sobald die Sonne untergeht und natürlich auch vorher, jedoch ist es am besagten Zeitpunkt ziemlich romantisch dort.

DAS „CENTRE GEORGES-POMPIDOU"

1977 eröffnete dieses Center auf Initiative des damaligen Franzosen Georges Pompidou, welcher in dieser Zeit der Staatspräsident war. Ziel dieser Einrichtung ist es, Menschen freien Zugang zu Wissen zu ermöglichen. Hier ist jeder willkommen!

Das „Pompidou" beherbergt ein Museum, welches auf modernere Kunst spezialisiert ist. Es enthält bedeutende Werke aus dem 20. Jahrhundert, ein Zentrum für Industriedesign, außerdem die Bibliothèque Publique d'Information, kurz BPI. Das Forschungszentrum „IRCAM" und einiges mehr ist dort zu finden. Dazu kommt eine Kinderwerkstatt, verschiedene Kino-, Theater- und Vortragssäle und eine Buchhandlung. Der Aufenthalt dort könnte auch mal länger dauern, deshalb sorgen ein angeschlossenes Restaurant sowie ein Café für die Verpflegung.

DISNEYLAND

Wer kennt es nicht? Disneyland Paris! Ein Traum aller Kinder und vieler Erwachsener. Der Freizeitkomplex umfasst 1.944 Hektar Fläche und besteht seit 1992. Damals war er noch unter dem Namen „Euro Disney Resort" bekannt. Später einigte man sich dann auf „Disneyland Resort Paris". Insgesamt wurden über 4 Milliarden Euro in den Aufbau und auch in andere Bereiche des Parks investiert. Das wird in jedem Bereich des Disneylands deutlich. Es ist so viel mehr als nur ein reiner Vergnügungspark.

Zum Disneyland gehören:

- seit 1992 existieren zwei große Themenparks. Außerdem finden Sie hier die berühmten „Walt Disney Studios", welche seit 2002 vorhanden sind.
- Unterhaltungsbereich Disney Village
- mehrere Hotels, Wohn- und Geschäftsviertel
- eine Golfanlage, die "Golf Disneyland".

Anreise zum Disneyland

Es befindet sich in der Kommune Chessy, rund 32 km östlich von Paris. Der Bahnhof Marne-la-Vallée Chessy hat direkten Anschluss zum Park durch die Pariser "S-Bahn" RER, sowie über das TGV-Hochgeschwindigkeits-Bahnnetz und außerdem den Eurostar-Zug nach London.

Befinden Sie sich im direkten Zentrum von Paris und möchten dem Disneyland einen Besuch abstatten, nehmen Sie einfach die RER-Linie A. Ca. 20 Minuten später sind Sie vor Ort.

DAS „MUSÉE D'ORSAY"

Dieses beeindruckende Gebäude, welches am südlichen Ufer der Seine steht, fällt direkt ins Auge. Es steht gegenüber dem Tuilerien-Garten. Anlass des Baus dieses Bahnhofs war 1900 die Weltausstellung. Er diente bis zum Jahr 1939 als wichtige Anlaufstelle für den damaligen Fernverkehr zum Südwesten Frankreichs. Dies ist auch der Grund, weshalb dieses Museum aussieht wie ein Bahnhof. Im Jahre 1977 fällte die französische Regierung die Entscheidung, daraus ein Museum zu verwandeln. Im Schnitt begeistert das Musée d'Orsay, pro Jahr wohlgemerkt, 3,8 Millionen Besucher – und das seit 1986. Damit gehört es zu einer der beliebtesten Attraktionen der Stadt. In der hiesigen Ausstellung finden Sie neben Gemälden, Grafiken und Fotografien ebenso Skulpturen, Werke des Kunsthandwerks sowie Designs der Architektur. Das Ganze ist auf 1.600 Quadratmetern verteilt.

„PANTHÉON"

Bis zur Französischen Revolution wurde das Panthéon in den Jahren 1764 bis 1790 ursprünglich als Kirche erbaut. Danach wurde es als Ruhmes- und Begräbnisstätte für viele verschiedene Berühmtheiten Frankreichs. Zu den wohl bekanntesten zählen neben der Physikerin und Nobelpreisträgerin Marie Curie auch der äußerst bekannte Philosoph Voltaire sowie der Schriftsteller Jean-Jacques Rousseau („Abhandlung der modernen Musik", Paris 1743). Das Foucaultsche Pendel ist eines der Highlights im Inneren des Panthéons, damit wird die Erdrotation nachgewiesen. Außerdem können Sie anhand der zahlreichen Gemälde, die im Inneren zu finden sind, Szenen aus der französischen Geschichte nachvollziehen.

DAS „HÔTEL DES INVALIDES"

Der damalige König Ludwig XIV. ließ dieses Hotel im Jahr 1671 erbauen. Es wurde von Invaliden genutzt, als eine Art Zuhause, die als Soldaten für den König gekämpft hatten. Viele dieser Soldaten kehrten heimat- sowie arbeitslos und auch stark verwundet aus den Kämpfen zurück. Auch heute noch dient es als Krankenhaus. Außerdem befinden sich dort die Büros des Verteidigungsministeriums sowie das Armee-Museum. Auf dem Invalidendom dieses Hôtels können Sie die Gebeine Napoleons finden. 1840 wurde der Dom zur Grabstätte des berühmten Kaisers umgebaut, vorher diente es als Kirche.

„TOUR MONTPARNASSE"

Zum Abschluss Ihrer Stadterkundung können Sie auf den Tour Montparnasse steigen. Von dort haben Sie einen wunderbaren Blick auf alle Sehenswürdigkeiten in Paris. Jedoch „steigen" Sie nicht selbst hinauf: Sie werden ganz bequem von einem der zahlreichen Aufzüge hinauf in die Etage 56 gebracht und das Ganze in weniger als 40 Sekunden! Dieser Turm misst insgesamt 210 Meter. Dort befinden Sie sich auf einer Aussichtsplattform, wo Sie sich auch in einem Restaurant erfrischen können. Übrigens ist der Turm mit seinen 210 Metern eines der höchsten Bauwerke in Paris, die Spitze führt natürlich der Eiffelturm an. Die spektakulärste Aussicht genießen Sie jedoch auf dem Dach in der 59. Etage des Turmes, dort befindet sich ebenfalls eine Aussichtsplattform.

Noch eine kurze Anmerkung bzgl. des Eiffelturmes: jeden Abend wird er für ca. 5 Minuten beleuchtet. Dies geschieht immer zur vollen Stunde. Diese vielen Lichter lassen den Eiffelturm in seiner ganzen Pracht erstrahlen und so wird er perfekt in Szene gesetzt. Lassen Sie sich diesen Anblick auf keinen Fall entgehen!

AKTIVITÄTEN MIT KINDERN

Sie sind mit Kindern unterwegs und wissen nicht, was genau Sie unternehmen sollen? Ich habe einige Beispiele für Sie aufgelistet.

Mittlerweile gibt es viele Angebote in Paris, die sich ausschließlich an Kinder richten. Außerdem gibt es auch Familienangebote, bei denen **jedes** Mitglied Ihrer Familie willkommen ist. Es ist zudem wichtig, die Kinder auch mal Kinder sein zu lassen. Soll heißen: Lassen Sie die Kleinen toben und spielen! Sie wollen sich auch nicht den ganzen Tag nur benehmen müssen. Fangen wir mit der Liste an.

Der „Jardin du Luxembourg"

Sie finden ihn südlich der Seine und Sie sollten sich in Ihrem Urlaub mit der Familie einen Besuch wirklich zu Herzen nehmen. Dieser Park ist für jeden geeignet. Erwachsene kommen, im Jardin du Luxembourg, in den Genuss der wunderschönen Natur und Sie können sich dort wunderbar entspannen, denn im gesamten Park stehen Stühle in der Farbe Grün bereit, die Sie zum Relaxen und Sonnen einladen. Die Kinder hingegen werden sich im Park an dem großen Wasserbecken mittendrin erfreuen. Zudem finden Sie dort einen kleinen Stand. An diesem können Sie für wenig Geld Minisegelboote ausleihen. Diese können die Kinder mit einem Holzstöckchen anschieben. Der Wind sorgt dann dafür, dass die kleinen Boote durch das Wasserbecken getrieben werden. Die Kinder werden sich daran erfreuen!

„Ponyreiten"

Im Parc Monceau wird für Kinder das Ponyreiten angeboten. Ponyreiten können die Kleinen das gesamte Jahr über. Darüber hinaus können Kinder Ponys durch den oben erwähnten Park reiten. Vor Ort bekommen Sie Helme für die Kleinen, damit ihnen nichts passiert, sollten sie herunterfallen. Eine

Helmpflicht gibt es aber augenscheinlich nicht. Haben Sie größere Kinder dabei, dürfen diese ohne Begleitung auf einem Pony reiten, die Kleinen müssen jedoch natürlich festgehalten werden.

„Interaktiver Parcours"

Dieses Kino in Paris, welches „Rex" heißt und auf den großen Boulevards steht, bietet Ihrer Familie einen sehr bedeutenden Parcours. Zu finden ist er hinter den verschlossenen Türen des Kinos. Dieser Parcours ist für jedermann geeignet. Den Anfang dieses interaktiven Rundgangs macht ein Panoramafahrstuhl, der Sie die Arbeitsstelle des Kinoleiters besuchen lässt, welche sich hinter der Leinwand des Kinos versteckt hält. Da hier nicht zu viel verraten werden soll, folgt nur ein kleiner Hinweis: im weiteren Verlauf dieses Parcours werden Sie alle zusammen an einem Filmdreh teilnehmen!

Geöffnet hat das Les Etoiles du Rex wie folgt: an allen Wochentagen, welche auch die Feiertage beinhalten, vormittags ab 10 Uhr und abends bis 18 Uhr, an den Samstagen schließt der vielseitige Parcours jedoch erst um 18:30 Uhr. Ein Rundgang startet alle 5 Minuten und dauert ca. 50 Minuten. Wenn Sie die Kinder einen Blick hinter die Kulissen werfen lassen wollen, kostet es 6,50 Euro für unter 18-Jährige.

„Die Evolutionsgeschichte"

Am Eingang des Pflanzenparks befindet sich eine überaus interessante Galerie, welche sich der Evolutionsgeschichte widmet. Den Park finden Sie im Süden der Stadt, genauer im 5. Arrondissement. Die spannende Evolutionsgeschichte wird auf 6000 m^2 sehr eindrucksvoll in Szene gesetzt. Das Angebot gilt für die gesamte Familie. Sie können dort große und kleine Land- sowie Wassertiere, beispielsweise Wale, Dinosaurier, Löwen und natürlich noch viele weitere mehr bestaunen. Eine weitere Dauerausstellung des Museums ist die „Galerie des Enfants", an dieser werden vor allem Kinder unter 12 Jahren sehr viel Gefallen finden. Dort wird den Kindern spielerisch der Einfluss des Menschen auf die Natur sowie auf die gesamte Umwelt nähergebracht und ist generell sehr vielseitig. Mit diesem Besuch ist ein spannender und aufregender Nachmittag gesichert.

Täglich von 10 bis 18 Uhr lädt die Galerie Sie für einen Besuch ein. Bis 45 Minuten vor Schluss haben die Kassen geöffnet. Die Eintrittspreise für Erwachsene liegen bei 9 Euro. Kinder sowie Jugendliche, die unter 26 Jahren alt sind, profitieren von diesem Besuch nicht nur wegen der Geschichte: Sie dürfen die Galerie gänzlich kostenlos besuchen.

Besuch im „ältesten Zoo"

Kinder, die keine Tiere mögen? Gibt es fast nicht, die meisten finden Tiere super. Da bietet es sich an, mit den Kleinen den ältesten Zoo, die Ménagerie von Paris, zu besichtigen. Dieser Zoo ist nicht nur der älteste in Paris, sondern auch der gesamten Welt. Er öffnete bereits im Jahre 1794. Die Ménagerie liegt ebenfalls in dem Pflanzenpark, welcher südlich der Seine ist, ganz in der Nähe der oben beschriebenen Galerie. Beispielsweise werden Sie in der Ménagerie Tiere wie Wallabys, Reptilien sowie rote Pandas und viele weitere Tiere mehr bestaunen können. Zudem gibt es in der Ménagerie auch einen Streichelzoo für die Kleinen. Alles, was Sie von anderen Zoos kennen, wie Toiletten oder Tische für ein kleines Picknick, sind natürlich auch zu finden.

Die Öffnungszeiten der Ménagerie sind täglich ab 9 Uhr. Die Schließung variiert mit der Jahreszeit, das heißt, im Winter ist sie bis ca. 17 Uhr geöffnet, im Sommer sowie in den Sommerferien ist hier bis 18 Uhr oder bis 18:30 Uhr geöffnet. 45 Minuten bevor geschlossen wird, schließen die Kassen. Wenn Erwachsene in die Ménagerie wollen, so müssen sie 13 Euro bezahlen, der Preis für Kinder und Jugendliche liegt bei 9 Euro, wenn sie unter 25 Jahren alt sind.

„Der Parc Floral"

Diesen finden Sie im Vincennes Park, welcher im Osten von Paris liegt. Wie Sie sich wahrscheinlich denken können, geht es in diesem Park um die Natur. Es ist ein botanischer Garten, der allerlei exotische Blumen und Pflanzen beherbergt. Sie können ihn auf einer riesigen Grünfläche in warmer Sonne oder im kühlen Schatten riesiger Bäume genießen. Der Parc Floral ist außerdem hervorragend für ein Picknick geeignet. Er beherbergt zudem eine wunderbar große Wasserfläche, die im Sommer unter lauter farbigen, wunderschönen Seerosen verborgen ist. Dazu finden Sie im Parc Floral einen Bonsai- und Efeu-Garten, zudem ein Schmetterlingshaus, welches Kinder besonders schön finden werden.

Wenn die Kleinen genug von Schmetterlingen gesehen haben, wartet auf sie ein wirklich großes Spielgelände, auf dem sie beispielsweise einen Hochseilgarten oder auch mehrere Sandkästen und vieles mehr finden werden. Wenn Sie keine Lust darauf haben, sich selbst Verpflegung mitzunehmen, können Sie alternativ auch im Park essen gehen.

„Pariser Zoo"

Huch, denken Sie sich, hier stand doch bereits etwas von einem Zoo? Damit liegen Sie auch richtig, dennoch gibt es kleine, aber feine Unterschiede. Nach Umbauarbeiten, die mehrere Jahre in Anspruch nahmen, öffnete der Zoo 2014 wieder. Den Pariser Zoo, oder auch „Zoo von Vincennes", finden Sie in der Nähe einer Metrostation. Über 1.000 Bewohner werden Sie dort finden, die in 5 unterschiedliche Regionen der Welt eingeteilt sind. So können Sie bei Ihrem Aufenthalt in Paris nicht nur an nur einem Tag Europa oder Madagaskar besuchen, sondern auch durch die sengend heiße Wüste reisen. So haben Sie die Möglichkeit, typische Vertreter dieser Regionen bestaunen. Wenn Sie vermeiden möchten, dass kleinere Kinder zu schnell die Lust an dem Besuch verlieren, können Sie am Eingang Gebrauch vom Verleih diverser Kinderwägen machen.

Praktischerweise ist dieser Zoo das gesamte Jahr über geöffnet. Vom 1. Mai bis 31. August lädt er von vormittags ab 9:30 Uhr bis abends 20:30 Uhr zu Besuchen ein. Zwischen dem 1. September und dem 29. Oktober hat er ebenfalls von vormittags ab 9:30 Uhr, hier allerdings nur bis 18 Uhr, an den Werktagen für Sie offen und an den Wochenenden bleibt er bis 19:30 Uhr begehbar. Ab dem 30. Oktober öffnet der Zoo bereits vormittags um 9 Uhr und bleibt bis zum frühen Abend 17 Uhr geöffnet. An den Dienstagen stehen Sie hier jedoch vor geschlossenen Türen. Die Kassen beenden ihren Dienst hier ca. 1 Stunde vor der Schließung dieses Zoos.

Sollten Sie den Zoo besichtigen wollen, so müssen Sie 22 Euro zahlen, Jugendliche, die zwischen 12 und 25 Jahren alt sind, zahlen 16,50 Euro und der Eintrittspreis für Kinder, die 3 bis 11 Jahre alt sind, liegt bei 14 Euro.

Disneyland Paris

Tja, wie sollte es auch anders sein? Der Klassiker schlechthin: Disneyland Paris! Aber: Der Besuch lohnt sich auch für Erwachsene! Möchten Sie das Disneyland besuchen, sollten Sie mindestens einen oder besser zwei Tage einplanen. Es ist ratsam, dass Sie sich Verpflegung mitnehmen. Natürlich finden Sie dort auch jede Menge Restaurants und Verkaufsstände, jedoch ist das Essen und Trinken dort ziemlich teuer.

Täglich lädt das Disneyland Paris vormittags ab 10 Uhr bis abends 20 Uhr für einen unvergesslichen Besuch ein. Bis abends 18 Uhr hingegen haben die Studios vom Erschaffer des Disney-Universums für Sie offen.

Die Eintrittspreise variieren stark und sind abhängig von der aktuellen Saison, eventuellen Angeboten oder anderen Faktoren. Es bietet sich an, dass Sie sich auf der Internetseite dieses atemberaubenden Parks über Angebote informieren. Zudem ist es wichtig, dass Sie die Tickets im Voraus sichern, so müssen Sie nicht viel am Eingang warten, wo Kinder schnell quengelig werden.

„Eine Bootsfahrt auf der schönen Seine"
Bootsfahrten sind großartig. Sie riechen das Wasser, spüren den Wind auf der Haut und für Kinder ist es sehr interessant. Sollten Sie sich für eine Bootsfahrt entscheiden, so bedenken Sie, dass es ratsam ist, ca. eine Stunde einzuplanen. Die Fahrten starten in der Nähe des Eiffelturmes und werden dort auch beendet.

„Besuch auf dem Eiffelturm"
Wie schon erwähnt, sollten Sie sich den Besuch des Wahrzeichens nicht entgehen lassen. Doch es ist auch für Kinder ein wunderbares Erlebnis! Der Ansturm für den Turm ist jedoch das ganze Jahr über sehr groß, daher empfiehlt es sich auch hier, dass Sie sich die Tickets im Voraus sichern.

Der Eiffelturm wartet täglich von Mitte Juni bis in die Mitte des Septembers hinein auf seine Besucher. Und das von vormittags ab 9 Uhr bis Mitternacht. An den anderen Monaten im Jahr ist es Ihnen gestattet, das Pariser Wahrzeichen vormittags ab 9:30 Uhr bis nachts um 23 Uhr besichtigen.

Alternative zum Disneyland

Alternativ zum Disneyland können Sie auch den Parc Astérix besuchen. Diesen finden Sie im Norden von Paris. Dieser Freizeitpark lädt Sie ein, in das kleine Dorf der Gallier zu kommen, welche sich nicht nehmen lassen, gegen die Römer zu rebellieren. Es gibt verschiedene Themenbereiche, wie „altes Griechenland", „Römisches Reich", „Land der Wikinger", „Ägypten" und „im Gallischen Dorf". Sie können im Parc Astérix auf gallische Helden, aber auch auf Soldaten der Römer treffen und natürlich die Fahrgeschäfte ausprobieren. In diesem Park befindet sich zudem die Goudurix, die größte Achterbahn Europas. Diese sorgt für einen echten Nervenkitzel! Selbstverständlich gibt es aber auch Fahrgeschäfte für die kleinen Besucher, sowie schnellere für Erwachsene und Jugendliche.

Die Eintrittspreise für Kinder starten bei 41 Euro, Jugendliche ab 12 Jahren sowie Erwachsene haben bei 49 Euro die Möglichkeit, den Park zu besuchen. Kinder unter 3 Jahren hingegen dürfen kostenlos eintreten.

Da der Parc Astérix etwas außerhalb von Paris liegt, ist er daher nicht gut mit öffentlichen Verkehrsmitteln zugänglich. Jedoch können Sie vom Flughafen CDG aus von Shuttlebussen, welche zum Park fahren, profitieren, deren Abfahrt in regelmäßigen Abständen stattfindet. Um die Anreise mit Ihrem eigenen Auto zu garantieren, wurde um den Parc Astérix herum ein großer Parkplatz angelegt, der Ihnen viele Parkmöglichkeiten bietet.

Täglich lädt der Park von vormittags ab 10 Uhr bis abends 18 Uhr ein und ist vom 6. April bis zum 5. Januar geöffnet. Wenn Halloween stattfindet, ist der Park sogar bis Mitternacht zugänglich.

„Der Aquaboulevard"

Der Aquaboulevard ist als der größte Wasserpark von Paris bekannt und ist perfekt dafür, um sich nach einer der langen Sightseeing-Touren abzukühlen oder zu entspannen. Dieser Ort ist für Kinder und Jugendliche zum Austoben geeignet und besitzt insgesamt 11 verschiedene Wasserrutschen. Dazu zählen zwei Wellenbäder sowie eine Wakeboard-Piste, die für den optimalen Spaßfaktor sorgen. Natürlich kommen auch die Erwachsenen auf ihre Kosten. Auf

Sie warten hier ein Strand mit echtem Sand, Pools, welche im Innen- sowie Außenbereich zu finden sind, und ein Saunabereich, in welchem Sie perfekt abschalten oder auch entspannen können.

Kinder, die unter 3 Jahren alt sind, dürfen nicht mit hinein in den Aquaboulevard. Kinder bis 11 Jahren zahlen 19 Euro, Erwachsene zahlen 33 Euro.

In der Nähe dieses Aquaboulevards finden Sie die Stationen Balard, die zur Linie 8, oder die Corentin Celton, welche zur Linie 12 gehört. Wenn Sie eine von diesen Stationen nutzen, kommen Sie am schnellsten zu Ihrem Ziel.

Diesen Park können Sie von Sonntag bis Donnerstag, von vormittags ab 9 Uhr bis nachts 23 Uhr besuchen. Freitags sowie samstags können Sie sogar bis Mitternacht in dem Wasserpark bleiben.

Wandern im „Parc des Buttes-Chaumont"

Diesen Park erreichen Sie über den 19. Arrondissement in Paris. Hier finden Sie einen sehr großen Spielplatz für Kinder, wo sie in Wasserfällen und Bächen, natürlich nur im Sommer, beispielsweise baden gehen können. Dieser Park steht an der Stelle eines alten Steinbruchs, da er in der sogenannten „Haussmann Epoche" errichtet wurde. In diesem wunderschönen „Parc des Buttes-Chaumont" warten viele Hügel und steile Abhänge, aber auch Wiesen, die wie zum Picknicken gemacht sind, auf Sie. Außerdem wartet auch der Sibyllen-Tempel hier, welcher zu einer Hängeseilbrücke führt. Die Kleinen können im Park außerdem auf Eseln reiten und Sie können sich an Jahrmarkt-Ständen umsehen.

Zu Fuß

Wenn Sie an Paris denken, verbinden sie diese Stadt wahrscheinlich eher nicht mit Kinderfreundlichkeit. Jedoch gibt es in Paris einige Ecken, die Sie gut zu Fuß erreichen und die auch für Kinder sehr spannend sein können. In Paris gibt es eine Skulptur, welche einen Mann zeigt, der, einfach so, durch eine Wand läuft, oder Sie lernen mehr über eine Legende in der Hauptstadt, über den heiligen Bischof „Denis", der mit seinem Kopf in den Händen über 5 km weiterwanderte! Die Franzosen bieten für Touristen eine Führung durch das Viertel Montmartre an, wo Sie unter anderem die oben erwähnte Skulptur anschauen können. Die Stadtführer nehmen sich außerdem Zeit, den Kindern jegliche Fragen zu beantworten. Hinzu kommt, dass diese mit Ihnen ganz in Ruhe das Viertel erkunden.

Streichelzoo mit Themenpark

Im Jardin d'Acclimatation kommen vor allem die Kleinen auf ihre Kosten. Fahrgeschäfte, die verzaubert sind, jede Menge Kettenkarusselle, Spielplätze und Wasserbrunnen, die Kinderaugen leuchten lassen. Da hier die Natur im Mittelpunkt steht, können die Kinder an entsprechenden Workshops teilnehmen. Diese handeln von Pflanzen und Tieren oder sie können direkt im Streichelzoo auf die Tiere treffen. Es erwarten Sie im Jardin d'Acclimatation über 700 Vogelarten im Vogelhaus. Ganz in der Nähe des Parks befindet sich übrigens die berühmte Fondation Louis Vuitton.

Picknicken im „Versailler Schlossgarten"

Welches kleine Mädchen träumt nicht davon, einmal in einem Schloss zu sein? Dort können Sie Kinderaugen zum Staunen bringen. Am besten eignet sich ein Besuch des Schlosses in den frühen Morgenstunden, denn um diese Uhrzeit quetschen sich noch nicht so viele Besucher durch die Gänge. Nach dem Besuch von Schloss Versailles lohnt sich definitiv ein

Bummel durch die Versailler Innenstadt. Dort finden Sie unter anderem einen Frischmarkt, auf dem Sie viele leckere Produkte kaufen können. Anschließend würde sich gut ein Picknick direkt im Garten des Schlosses anbieten.

Pariser Unterwasserwelten

Zum Schluss möchte ich Ihnen noch etwas nahelegen, und zwar die zwei großen Aquarien in Paris. Eines dieser bezaubernden Aquarienhäuser finden Sie direkt am Pariser Wahrzeichen, das andere Aquarium werden Sie im „Palais de la Porte Dorée" finden. Dieses Aquarium bietet Ihnen, neben vielen tropischen Fischen, auch größere Tiere wie Krokodile oder Haie. Zeitlich begrenzte Ausstellungen sowie Touren, die auf Kinderfreundlichkeit achten, bringen Ihnen definitiv die Unterwasserwelten der gesamten 84 Aquarien näher.

Erwachsene zahlen hier 8,50 Euro und Kinder 7 Euro Eintritt.

Um das „Aquarium Tropical" im „Palais de la Porte Dorée" zu erreichen, nutzen Sie sie die gleichnamige Metrostation „Porte Dorée", Linie 8. Dieses Aquarium lädt Sie von Dienstag bis Freitag von vormittags ab 10 Uhr bis zu den frühen Abendstunden bis 17:30 Uhr ein. An den Wochenenden haben Sie die Möglichkeit, es von vormittags ab 10 Uhr bis abends 19 Uhr zu besichtigen.

Die besten Hotels in Paris

Sie haben sich also dazu entschieden, eine Reise nach Paris zu unternehmen? Hervorragend. Jedoch stellen Sie sich die Frage: Welches Hotel soll ich nur nehmen? Ich werde Ihnen drei der besten Hotels auflisten.

Das erste Hotel, welches ich Ihnen vorstellen möchte, ist das „Relais12bis by the Eiffel tower". Sie finden es 500 Meter vom Eiffelturm entfernt. Hier erwarten Sie klimatisierte Zimmer sowie kostenloses WLAN. Dies gilt für die gesamte Unterkunft. Das Quartier befindet sich auf der 1. Etage. Die Zimmer sind entweder antik oder modern gehalten. In jedem Zimmer erwartet Sie außerdem ein Flachbild-TV. Zudem haben alle Zimmer ein eigenes Bad mit erhabenen Pflegeprodukten, einem Haartrockner und Bademänteln mit eigenen Hausschuhen. Wenn Sie Lust auf kleinere Leckereien wie Kuchen verspüren, dann statten Sie einfach der Lounge einen Besuch ab.

Dort erwartet Sie ein kostenfreies Nachmittagsbuffet, auf welchem Sie, unter anderem, Snacks und Getränke, also Tee, Kaffee sowie Wasser mit und ohne Kohlensäure, finden werden. Außerdem steht eine kostenlose Gepäckaufbewahrung zur Verfügung. In der Nähe dieses Hotels finden Sie die „Avenue des Champs-Élysées", sie ist nur 2,1 km entfernt und außerdem ist der „Arc de Triomphe", mit 2,2 km, die nächstgelegene Sehenswürdigkeit. Der nächste Flughafen, der Paris-Orly, ist 15 km von der Unterkunft entfernt. Die Hotelangestellten sprechen zudem Deutsch.

Das nächste Hotel ist das „Ritz Paris", welches 500 m von der „Opéra Garnier" entfernt liegt. Dort wird es Ihnen an nichts fehlen, ist dort doch eine große Kollektion an Bars und Restaurants, einem Spa mit Wellnesscenter und vieles weitere vorhanden. Im Hotel gibt es außerdem einen Garten sowie ein Businesscenter. Auch hier sind alle Zimmer mit einem flachen TV-Gerät ausgestattet. In einigen Zimmern finden Sie Sitzbereiche. Zu manchen Zimmern gehören Terrassen oder ein Balkon. Jedes Zimmer besitzt ein eigenes Bad, zudem kostenfreie Pflegeprodukte und einen Haartrockner.

Alle Zimmer sind mit Minibars ausgestattet. Zu der Unterkunft gehören unter anderem eine 24-Stunden-Rezeption sowie ein Geldwechsel und einige Geschäfte. Sollten Sie die Lust verspüren, außerhalb essen zu gehen, finden Sie wenige Minuten zu Fuß entfernt eine große Auswahl von Restaurants oder auch Bars. 500 m vom Ritz entfernt liegt der „Jardin des Tuileries", außerdem ist das „Musée d'Orsay" nur 900 m entfernt. In 5 Minuten erreichen Sie die U-Bahn-Station „Concorde" zu Fuß. Die Privatparkplätze sind für Sie kostenfrei. Außerdem profitieren Sie auch hier von kostenfreiem WLAN in allen Bereichen.

Das letzte Hotel, welchem wir uns widmen, liegt 2,4 km vom Eiffelturm entfernt und ist das „Sourire Boutique Hôtel Particulier". Dort warten auf Sie eine Terrasse, eine Gemeinschaftslounge mit einer Bar und auch wieder kostenfreies WLAN. Genauer gesagt, befindet sich diese Unterkunft 2,6 km vom Kongresszentrum „Palais des congrès de Paris" entfernt. Außerdem befinden sich zu den Zielen in dieser Umgebung die 3,5 km entfernte Messe „Paris Expo-Porte de Versailles" sowie das 4,5 km entfernte Museum „Musée d'Orsay". Dieses Hotel zählt zu der Kategorie "Bed & Breakfast".

Sie beziehen Zimmer, welche mit Schreibtischen, Flachbild-TVs und einem eigenen Bad ausgestattet sind. Jedes Zimmer ist mit einer Klimaanlage ausgerüstet, außerdem verfügen alle Zimmer über einen Balkon. Zudem ist ein Kleiderschrank vorhanden. Morgens wird Ihnen ein leckeres Frühstück in dieser Unterkunft serviert. Nur 4,2 km entfernt liegt der schöne Park „Jardin des Tuileries", das wunderbare „Theater Les Mathurins" erreichen Sie nach 4,7 km. Der nächste Flughafen, den Sie von dort aus erreichen, ist der Flughafen „Paris-Orly", jedoch befindet er sich 19 km entfernt von dem Hotel „Sourire Boutique Hôtel Particulier".

Restaurants

Sagen wir, Sie haben sich für alles soweit vorbereitet und sind bereit zu reisen. Man möchte auch essen gehen. Nun stellt sich wieder die Frage: WO gehe ich/gehen wir hin? Es kommt darauf an, was Sie bevorzugen. Gehobene Küche? Einen Schnellimbiss? Steakhouse? Vegan? Vegetarisch? Die Auswahl ist riesig. Ich beschränke mich auf 3 Restaurant-Typen: gehobene Küche, günstig und vegetarisch/vegan.

GEHOBENE KÜCHE

Wenn Sie vornehm speisen wollen, empfehle ich Ihnen das " Pur '-Jean-François Rouquette". Es ist ein sehr vornehmes Restaurant, das, unter anderem, vegane sowie glutenfreie Speisen anbietet. Die Preisklasse liegt zwischen 165 € und 325 €. In diesem Restaurant wird außerdem auch deutsch gesprochen. Die Mitarbeiter sind zudem sehr freundlich. Die Speisen sind wunderschön hergerichtet.

VEGETARISCH/VEGAN

Wir wollen uns nichts vormachen: Vegetarisch/vegan wird immer präsenter und das ist auch gut so! Und wenn man mal bedenkt, dass man vor einigen Jahren, wenn es hochkommt, nur Tofu kaufen konnte, der nicht einmal wirklich gut war, so ist es umso schöner zu sehen, was man als Vegetarier/Veganer jetzt alles zu essen bekommen kann. Möchten Sie sich gern an veganen Speisen versuchen, so empfehle ich Ihnen das Restaurant "Brasserie Lola". Dies ist die erste vegane Brasserie in Paris. Dort werden nur vegane Speisen zubereitet. Dieses Restaurant macht keine sichtbare Werbung für deren Essen.

Jedoch ist alles vegan. Die Brasserie Lola hat jeden Tag von mittags bis spät abends geöffnet. Ein 3-Gänge-Menü bekommen Sie hier bereits für 23 Euro als Mittagessen.

(RELATIV) GÜNSTIG ESSEN.

Machen wir uns nichts vor: Paris ist eine der teuersten Städte überhaupt. Jedoch gibt es vereinzelt Ecken, wo Sie, relativ, günstig essen gehen können. Das "Hippopotamus" beispielsweise, welches ein reines Fleischrestaurant ist, bietet neben Rindfleischgerichten allerdings auch Burger und Fisch an. Es ist vor allem bei Familien sehr beliebt, da es sehr kinderfreundlich ist. Es gibt Kindermenüs, bei dem die Kleinen sich zwischen Nuggets, einem Burger oder einem Hacksteak entscheiden können. Dazu bekommen sie dann gängige Beilagen, wie Pommes, Reis oder Salat. Das Interessante an diesem Restaurant ist, dass die Beilagen beliebig oft gewechselt werden können, **ohne** Aufpreis! Allerdings kommen auch die Erwachsenen im Hippopotamus auf ihre Kosten: Die Gerichte für sie sind sehr groß. Die Preise variieren zwischen 20 und 60 Euro.

"Versteckte" Orte

Wollen Sie gern Orte sehen, wo die meisten Touristen nicht hingehen? Dann habe ich hier genau die richtigen Stellen für Sie.

DER „JARDIN ALPIN"

Zu finden ist er im „Jardin des Plantes" und dort können Sie, sage und schreibe, über 2.000 Arten von Gebirgspflanzen bestaunen. Wussten Sie, dass dieser Park zu den schönsten Parks in Paris zählt? Sie lieben die Natur bzw. auch das Gebirge oder wollen einfach nur diese Art von Pflanzen bewundern? Dann sind Sie hier definitiv richtig.

„SQUARE DES PEUPLIERS"

Dies ist eine besondere Straße. Sie können sie im 13. Arrondissement finden, welches in der Nähe des Viertels „Buttes aux Cailles" liegt. 1926 eröffnete sie und wird häufig als Platz für kleinere Shootings genutzt. Das Besondere ist: Autos sind hier gänzlich tabu.

DIE TERRASSE DES „IMA"

Sie möchten einen atemberaubenden Ausblick auf Paris genießen und, im besten Falle, dafür nichts zahlen? Dann sind Sie hier genau richtig. Dazu können Sie auch noch etwas über die muslimische Kultur erfahren, denn: Hier werden Rundgänge veranstaltet, die durch das Institut führen. In den Ausstellungen können Sie allerlei über die arabische Welt lernen und erfahren.

DER „PANTHÉON BOUDDHIQUE"

Sind Sie ein Fan der asiatischen Kultur und möchten nicht nur das wunderschöne Paris genießen, sondern auch noch was über das asiatische Volk erfahren? Dann sind Sie hier goldrichtig. Das Panthéon Bouddhique enthält einen Garten, welcher allerdings zum „Musée Guimet" gehört, und dieses Museum befasst sich mit der asiatischen Kunst. Das Panthéon hat jedoch einen Zengarten. Dort können Sie sich vom Lärm der Stadt erholen. Wenn Sie das Musée besichtigen wollen, müssen Sie etwas bezahlen. Der Zengarten jedoch ist kostenlos.

DAS „HÔTEL DIEU"

Dieses Gebäude ist das älteste Krankenhaus, welches Sie in Paris finden werden. Der Zugang zu der Aussichtsplattform ist kostenlos. Aber Obacht! Da hier Patienten behandelt werden, sollten Sie sich, aus Respekt, ruhig verhalten. Das Krankenhaus finden Sie in der Nähe der schönen Notre-Dame.

DER „JARDIN D'AGRONOMIE TROPICALE"

Dieser außergewöhnliche Ort ist einer der letzten Orte in Paris, wo die Natur beinahe unberührt ist. 1907 wurden hier Kolonialausstellungen gehalten. Gebäude wurden im Jardin d'Agronomie Tropicale erbaut, die hat sich die Natur aber zurückgeholt. Ansonsten hat der Mensch dort keine Spuren hinterlassen.

DIE „DESIGN & NATURE GALERIE"

Dies ist eine überaus interessante Galerie. Denn sie steckt voller außergewöhnlicher Tiere und Objekte. Sie wurde auf ausgestopfte Tiere aller Art und auf Osteologie spezialisiert. Außerdem gibt es dort ein Kuriositätenkabinett, wo sich unmögliche Kreationen und interessante, künstlerische Skulpturen aus toten Insekten befinden.

Fun Facts & Insidertipps

Jeder kennt Paris. Doch kennen Sie auch die sogenannten „Fun Facts" über diese wunderbare Stadt? Wenn nicht, dann können Sie diese hier nachlesen. Wenn doch, dann schmunzeln Sie doch einfach nochmal darüber. Denn wie jeder weiß: Lachen ist gesund!

Die kleinste Straße

In Paris existiert eine Straße, die nur 6 Meter lang ist! Diese ist zu finden im 2. Arrondissement und heißt „rue des Degrés".

Pflanzen

In Paris gibt es 484.000 Bäume. Und 300.000 können Sie im Bois de Vincennes finden. Außerdem auch im Bois de Bologne.

Kirchen und Gemeinden

Außerdem gibt es in Paris eine deutsch-katholische sowie evangelische Gemeinde. Diese können Sie in der rue Spontini aufsuchen.

Das älteste Haus

In Paris befindet sich ein Haus, welches 1407 erbaut wurde und somit zu den ältesten Häusern dieser Stadt zählt. Zu finden ist es in der 51 rue de Montmorency im 3. Arrondissement. Dieses Haus ist auf jeden Fall wert, besucht zu werden!

Katakomben

Die Katakomben von Paris zählen – halten Sie sich fest – eine Gesamtlänge von über 300 km! Das entspricht beispielsweise der Strecke von Recklinghausen nach Bayern.

Räume des Louvre

Wenn Sie alle Räume des Louvre sehen möchten, müssen Sie eine Strecke von 14,5 km zurücklegen. Das Museum besitzt 35.000 Kunstwerke. Wenn Sie sich alles ansehen wollen, bringen Sie am besten einen Schlafsack mit. Denn Sie bräuchten dafür 3 Tage sowie 2 Nächte.

Die Lozère

15 Einwohner pro km² leben hier. Somit zählt es zu den am dünnsten besiedelten Departments Frankreichs. Direkt danach folgt außerdem die Creuse mit 22 Einwohnern pro km².

Das Militär

Wussten Sie, dass das französische Militär Brieftauben benutzt? Es hat 150 Brieftauben im Dienst. Somit zählt Frankreich zu dem einzigen europäischen Land, welches noch diese wunderbaren Tiere besitzt. Gehalten werden sie in der Festung Mont-Valérien, welche in der von Nähe Paris ist.

Frankreich und der Käse

Ich habe Ihnen beschrieben, dass die Franzosen ziemlich auf Käse stehen. Von Charles De Gaulle existiert das Zitat „Es ist schwer, ein Volk zu regieren, das 246 Sorten Käse hat". Jedoch hat der nationale Milchindustrie-Verband etwas anderes geschätzt. Rund 1.200 französische Käsesorten sind es, darunter 46 französische AOP-Käsesorten.

Touristen

Paris ist die Stadt, welche den größten Ansturm von Touristen hat. Allein im Jahr 2018 kamen ca. 89 Millionen Menschen in die Hauptstadt Frankreichs. Direkt auf dem zweiten Platz sind die USA, dort besuchten im selben Jahr um die 80 Millionen das Land. Manche glauben, dass chinesische Touristen besonders verbreitet sind. Das mag zum Teil stimmen, hat sich die Anzahl der Menschen aus China, die Frankreich besuchen, in den letzten 5 Jahren sogar verdoppelt. Doch auf Platz eins der Touristen stehen die Menschen, die aus den USA kommen. Und die Top-Sehenswürdigkeiten bleiben immer noch, wie sollte es anders sein, das Disneyland Paris, der Louvre, Versailles und natürlich der Eiffelturm.

Bürgermeister

Wussten Sie, dass Frankreich 35.000 Bürgermeister zählt? Allerdings muss dazu gesagt werden, dass der Job des Bürgermeisters, oder wie es auf Französisch

Maire heißt, oftmals nur ein Nebenjob ist. An einem Dorf, welches weniger als 3.500 Einwohnern zählt, verdient ein Maire nicht sehr viel. Im Monat allerhöchstens ca. 1.500 Euro.

Verkehrsinseln

Das bringt fast jeden zum Staunen: Frankreich besitzt 30.000 Verkehrsinseln! Nun, das ist ein seltsamer, aber unterhaltsamer Weltrekord. Und die meisten dieser „ronds-points" werden mit ziemlich auffälligen Kunstwerken geschmückt.

Schlösser

In fast jedem Land gibt es Schlösser. Jedoch hat Frankreich die meisten davon. Es sind 40.000. Die Regionen, in welchen Sie diese wunderschönen Bauten finden werden, sind „Centre-Val de Loire", „île de France" und „Aquitaine", dazu zählt auch das „Dordogne".

Fahrer ohne Führerschein

Sie haben richtig gelesen. Mindestens 600.000 französische Autofahrer besitzen keinen Führerschein. Jedoch ist das nur vorsichtig geschätzt: Aus einigen Quellen geht hervor, dass es sogar 1 Million

Autofahrer sind. Zudem befahren Frankreichs Straßen mehr als 600.000 Autos ohne Versicherung.

Die Reise nach Paris

Zunächst: Es gibt verschiedene Wege, um nach Paris zu kommen. Ich werde Ihnen einige Arten vorstellen.

ANREISE PER BAHN

Selbstverständlich können Sie einfach mit der Bahn reisen, da die Verbindungen immer besser werden. Durch Direktverbindungen mit Schnellzügen wie dem ICE oder TGV kommen Sie sehr gut nach Paris.

Letzteres ist ein französischer Hochgeschwindig-keitszug. So können Sie, ohne umzusteigen, von Frankfurt losfahren und in ca. 3 Stunden und 40 Minuten erreichen Sie Ihr Ziel Paris. Wenn Sie aber von Zürich fahren wollen, dann dauert die Fahrt mit dem TGV um die 4 Stunden. Von Köln fährt noch ein Zug, der Thalys. Fahren Sie von dort aus, sind Sie in ca. 3 Stunden in der Hauptstadt der Franzosen angekommen.

In einigen Städten, wie zum Beispiel Düsseldorf oder Kaiserslautern, fahren Züge nach Paris mit Direktverbindung ab.

Nachteil der Bahnfahrt: die Preise. Diese sind leider manchmal ziemlich hoch. Es gibt jedoch auch Sparpreise.

FLUGZEUG

Insgesamt befinden sich drei große Flughäfen in Paris: Im Norden finden Sie den Flughafen „Charles de Gaulle", den Flughafen „Orly" werden Sie im Süden finden können und wenn Sie etwas weiter außerhalb schauen, liegt dort der Flughafen „Beauvais".

Vorteile des Reisens mit dem Flugzeug sind, dass Sie schnell und unkompliziert, außer es wird gerade gestreikt, an Ihr Ziel kommen. Außerdem können Sie bei Billigfliegern und anderen Airlines häufig Flugangebote finden, bei denen Sie nicht viel Geld zahlen müssen.

Das Problem des Fliegens ist, dass die Flughäfen sich alle außerhalb von Paris befinden, der „Beauvais" ist über 82 Kilometer entfernt. Außerdem werden Sie nicht im Pariser Zentrum ankommen, daher sollten Sie zusätzliche Kosten sowie Zeit einplanen.

AUTOREISE

Natürlich ist es meistens am einfachsten, mit einem Auto, wie Ihrem eigenen möglicherweise oder sogar mit einem gemieteten Wagen, in die Hauptstadt zu fahren. Doch sagt man nicht, dass die Straßen von Paris restlos überfüllt, Staus vorprogrammiert sind und generell totales Chaos im Fahrverkehr herrscht? Das kommt nicht von ungefähr. Menschen, welche direkt an der französischen Grenze leben, neigen eher dazu, ihr Auto nur für Kurzaufenthalte in Paris zu nutzen. Weite Strecken lohnen sich nicht besonders, weil der Zeitaufwand einfach zu hoch ist. Möchten Sie dennoch mit dem Auto anreisen, sollten Sie sich ein Hotel mit Parkplatz oder Parclick suchen.

Was ist Parclick?

Parclick ist eine perfekte Möglichkeit, um bequem von Zuhause eine Parkmöglichkeit in der besagten Hauptstadt buchen zu lassen. Dies ist eine Internetseite. Sie ist übersichtlich aufgebaut. Sie wählen als erstes Paris aus und geben das Datum Ihres Aufenthalts und die voraussichtliche Parkdauer ein. Parclick sucht für Sie dann passende Parkhäuser in Paris aus. Über Google-Maps können Sie diese dann übersichtlich auf einer Karte sehen. Sie werden auf einen Blick erfassen können, wo genau das von Ihnen ausgesuchte Parkhaus steht und auch, welche Kosten während Ihres Aufenthalts auf Sie zukommen werden. Außerdem können Sie Ihre Buchung auch noch am Vortag Ihrer Abreise kostenlos stornieren.

Die Vorteile beim Anreisen per Auto liegen darin, dass Sie flexibel sind. Sie können sich den Zeitpunkt aussuchen, wann es losgeht und natürlich auch, wohin es gehen soll.

Nachteile sind allerdings, dass auf den französischen Autobahnen Mautgebühren anfallen. Außerdem können der dichte Großstadtverkehr sowie die vielen Staus zu Stress führen. In Paris herrscht zudem leider ein Parkplatzmangel, für so gut wie alle Parkplätze müssen Sie etwas zahlen und die Parkhäuser sind auch noch ziemlich teuer. Wenn Sie für Ihr Auto dennoch einen Parkplatz finden, sollten Sie sich auf Beulen, Kratzer etc. einstellen, denn: In Frankreich zählt der fahrbare Untersatz zu den Funktionsobjekten und wird daher nicht sehr geachtet.

ANREISE MIT DEM FERNBUS

Es ist auch möglich, dass Sie Paris mit einem Fernbus bereisen. Jedoch ist die Fahrzeit lang, verglichen mit den anderen Möglichkeiten, nach Paris zu kommen. Allerdings sind die Kosten meistens sehr gering. Jedoch liegt in Paris der Bahnhof „Gare routière internationale in Gallieni" und dieser wird von den Fernbussen angefahren.

Reisebudget

Nachdem alles Weitere so weit geklärt ist, sollten Sie sich fragen, was oder wie viel Geld Sie zur Verfügung haben bzw. bereit sind, auszugeben. Wenn Sie nun alle Aspekte betrachten, ist klar, dass es alles, aber nicht günstig sein wird, eine Reise nach Paris zu erleben. Anreise, Hotel, essen gehen, Sehenswürdigkeiten/Attraktionen, Souvenirs. Sie sollten schon um die 900 bis 1.000 € einplanen. Jedoch lohnt es sich, nach Paris zu reisen. Es wird ein unvergessliches Erlebnis sein.

Anbei werde ich Ihnen noch Möglichkeiten für den kleinen Geldbeutel aufzeigen.

TIPP 1: RABATT IN PARISER RESTAURANTS

Die Gastronomie Paris' legt viel Wert darauf, um Gäste der französischen Hauptstadt kulinarisch zu verwöhnen. Deshalb sollten Sie sich einen Besuch in einem der vielen Restaurants nicht entgehen lassen. Zum Glück gibt es die Internetseite „La Fourchette", damit Sie Ihr Budget nicht vollends sprengen müssen. Über diese Seite gibt es die Möglichkeit, eine Tischreservierung vorzunehmen. Ein Besuch auf der Internetseite lohnt sich definitiv, denn dort bieten die Pariser Restaurants ihre Menüs mit einem Preisnachlass von bis zu 50 Prozent an. Eine Reservierung, die über diese Internetseite folgt, ist kostenlos und unverbindlich. Das Einzige, was Sie angeben müssen, ist Tag und Uhrzeit Ihres Besuches sowie die Anzahl der geplanten Personen. Momentan ist die Seite nur auf Französisch, Spanisch und Englisch verfügbar.

TIPP 2: GÜNSTIGERER KAFFEE ÜBER DIE THEKE

Einigen Restaurants in Paris bieten ihren Kaffee, der im Grunde ein- und derselbe ist, für komplett unterschiedliche Preise an. In dem einen Restaurant kann der Kaffee mehr als einen Euro kosten, in dem nächsten ist der dreimal so teuer. Die Erklärung dafür: In einem Restaurant oder Café, welches Thekenbetrieb anbietet, bekommen Sie einen Kaffee, der dann den niedrigsten Preis hat. Im Innenraum allerdings wird er dann teurer werden und wenn Sie auf einer Terrasse sind, ist der höchste Preis für Kaffee erreicht. Diese Regelung haben nicht alle Restaurants oder Cafés, trotzdem lohnt sich dieses Wissen, so können Sie darauf achten. Am einfachsten ist es, wenn Sie die Angestellten Fragen oder einen Blick in die Speisekarte werfen.

TIPP 3: LOW-COST STADTRUNDFAHRTEN MIT FOXITY

Sightseeing ist die beste Möglichkeit, eine Stadt kennenzulernen. Kennen Sie FOXITY? Dies ist ein sogenannter „Low-Cost-Anbieter". Über diesen können Sie eine ca. eineinhalbstündige Stadtrundfahrt in Doppelstockbussen zu guten Preisen buchen. Haben Sie Kinder unter 12 Jahren dabei, können diese den Bus kostenlos nutzen. Außerdem profitieren Senioren von vergünstigten Tarifen. Noch ein Spar-Tipp: Machen Sie Gebrauch vom FOXITY-Kombiticket, damit können Sie Bus- und Bootfahrten nutzen und das Ganze zu einem guten Preis!

TIPP 4: SEHENSWÜRDIGKEITEN KOSTENLOS BESICHTIGEN

Kinder sowie Jugendliche, die unter 26 Jahren alt sind und aus den EU-Staaten stammen, können jede Menge Geld sparen, wenn sie die Sehenswürdigkeiten besichtigen wollen. Denn einige Sehenswürdigkeiten, wie zum Beispiel der Louvre oder auch das Centre Pompidou, bieten solchen Kindern und

Jugendlichen freien Eintritt an. Allerdings ist der Eiffelturm von diesem Angebot ausgeschlossen.

TIPP 5: SEHENSWÜRDIGKEITEN

An den ersten Sonntagen in jedem Monat haben Sie die Möglichkeit, einige der beliebtesten Sehenswürdigkeiten der besagten Hauptstadt gänzlich kostenfrei zu besichtigen. Die Notre-Dame, das Musée de Carnavalet sowie das Musée de la romantique bieten diese besonderen Besichtigungen an. In den Monaten von Anfang Oktober bis Ende März startet in Paris die Nebensaison, in welcher an jedem ersten Sonntag im Monat diverse andere Sehenswürdigkeiten, wie das Centre Pompidou oder das Musée d'Orsay, für jeden kostenlosen Eintritt anbieten.

TIPP 6: SCHLUSSVERKÄUFE

Viele Kaufhäuser und Geschäfte in Paris reduzieren ihre Ware, wenn der Sommer- bzw. Winterschlussverkauf startet. Bis zu 20 oder 30 Prozent werden die Preise gesenkt. Gehen die Schlussverkäufe auf das Ende zu, so wird die Ware bis zu 70 Prozent reduziert. So können Sie in dieser Zeit eine Menge Schnäppchen machen. Selbst bekannte Designer springen auf diesen Zug auf und reduzieren die Preise für diverse Gegenstände während den sogenannten "Soldes" in Paris.

TIPP 7: METROTICKETS VERGÜNSTIGT ABGREIFEN

Diese Chance, die für Menschen unter 26 Jahren gilt, sollte genutzt werden. So können sie an den Wochenenden sowie an den Feiertagen Tickets für die Metro nutzen, die vergünstigt sind. Außerdem haben die Pariser ein praktisches Ticket, mit dem Namen „Jeunes Weekend", dieses kann den ganzen Tag über genutzt werden, und ist für das Stadtzentrum von Paris, oder für die Region gültig. Dazu kommt noch, dass Sie das sogenannte Carnet Ticket kaufen können. Das sind 10 Einzelfahrscheine. Beim Kauf dieses Tickets bezahlen Sie nur 8 von 10 Fahrscheinen.

TIPP 8: WOCHENENDPASS

Für die Besucher Paris' wurde ein besonderes Ticket eingeführt. Das "Paris Visite Ticket". Sollten Sie Ihren Aufenthalt in Paris an den Tagen Montag bis Sonntag planen, so ist es ratsam, dass Sie nicht das Paris Visite Ticket, sondern den „Passe Navigo Découverte" kaufen, der für die Zonen 1 bis 5 Gültigkeit besitzt. Dies ist ein Wochenpass für die Metro von Paris. Damit er Ihnen ausgestellt werden kann, benötigen Sie allerdings ein aktuelles Passfoto. Der Pass beinhaltet nützliche Möglichkeiten wie die Überführung zum Flughafen oder Sie fahren damit ganz einfach in das Disneyland. Außerdem können Sie mit diesem Pass überall und so oft fahren, wie es Ihnen beliebt. Aktuell kostet dieser Pass 22,15 Euro. Dazu kommen noch 5 Euro für seine Ausstellung.

TIPP 9: MÖGLICHKEITEN FÜR PERSONEN MIT HANDICAPS

Viele Museen und diverse Sehenswürdigkeiten bieten Personen mit einem Handicap die Möglichkeit eines freien Eintritts an. Es ist zudem ratsam, dass Sie sich vor dem Besuch einer Sehenswürdigkeit auf dessen Internetseite durchlesen, wie die Preise für eine gehandicapte Person lauten. Beispiel eins: Der Eiffelturm ist nie kostenlos zu besichtigen, allerdings bekommen Personen mit einem Handicap und dessen Begleitpersonen Tickets, die günstiger sind. Beispiel zwei: Wenn ein Behindertenausweis vorhanden ist, sollten Sie keine Tickets für den Louvre online bestellen. Es lohnt sich nicht, weil Personen, welche gehandicapt sind, freien Eintritt dort haben und online werden nur kostenpflichtige Tickets angeboten.

TIPP 10: MITTAGSPAUSE IN DER BÄCKEREI

Als Tourist, nicht nur in Paris, geht man gern in Restaurants essen. Anstelle eines Restaurantbesuchs, vor allem zur Mittagszeit, können Sie auch ganz einfach in einer Bäckerei vorbeischauen. Einige der Bäckereien in Paris haben zur Mittagszeit verschiedene Menüs im Angebot. Meistens bekommen Sie in solch einem Angebot ein frisch belegtes Baguette, ein Dessert sowie ein Getränk. Für diese Menüs liegen Sie zwischen 6 Euro und 9 Euro.

Französisch-Leitfaden

So, alles ist so weit geklärt. Doch eines der wichtigsten Dinge fehlt noch. Sie fragen sich bestimmt, wie zum Kuckuck Sie sich verständigen sollen, wenn der Großteil der Franzosen sowieso gar kein oder nur sehr schlechtes Englisch sprechen können. Ich werde versuchen, Ihnen dabei behilflich zu sein.

TEIL 1

Als erstes zeige ich Ihnen die Höflichkeitsformeln.

Möchten Sie jemandem „Guten Tag" sagen, so sagen Sie „Bonjour!". Wichtig zu wissen ist, dass Sie nicht einfach zu jemandem „Salut", also „Hallo" sagen, denn dieses Wort wird eher unter Freunden bzw. Bekannten benutzt und ist nichts anderes als unser Wort „Moin".

Möchten Sie sich verabschieden, sagen Sie „Au revoir!". Auch hier gilt: Nutzen Sie nicht einfach das Wort „Salut". Es ist einfach unhöflich.

Das Wort „Ja" kennen die meisten Menschen auf Französisch, es ist das Wörtchen „Oui". Und ja, das Wort können Sie bedenkenlos auch bei fremden Menschen benutzen, genauso wie die Verneinung „Non".

Danke heißt natürlich „Merci", bei Bitte nutzen Sie die Wörter „De rien."

Wenn Sie, beispielsweise bei einer Feier zuprosten möchten, dann rufen Sie die Wörter „Á ta santé" oder auch „Á votre santé".

Und wenn Sie sich entschuldigen möchten, wie weiter oben in einem Kapitel beschrieben, sagen Sie „Excusez-moi".

Nun, das ist eigentlich gar nicht so schwierig. Doch was ist mit Situationen, die etwas anders sind? Beispielsweise, wenn Sie eine Toilette suchen oder sich vorstellen möchten? Keine Sorge, auch hier werde ich Ihnen helfen.

FRANZÖSISCH TEIL 2

Sie sind unterwegs in Paris und benötigen Hilfe, sind aber allein? Dann sprechen Sie jemanden mit „Au secours!" an, bzw. können Sie auch versuchen, einen Satz zu formulieren. Zum Beispiel: „Bonjour. Au secours. Les toilettes?" Was bedeutet: „Hallo, ich brauche Hilfe. Wo ist die Toilette"? Die Franzosen werden wissen, dass Sie kein Einheimischer sind, dennoch werden Sie sie verstehen und versuchen, Ihnen zu helfen.

Sie haben jemanden gefunden, den Sie nett und freundlich finden und Sie möchten sich gern vorstellen? Dann sagen Sie „Je m'appelle (Ihren Namen) ..."

In einem ausländischen Restaurant möchten viele Menschen beeindrucken, indem sie auf dessen Sprache Essen bestellen. Wenn Sie das auch tun wollen, dann benutzen Sie die Wörter „J'aimerais bien..."

und natürlich das, was Sie bestellen möchten. Wenn Sie später dann zahlen wollen, sagen Sie die Wörter „L'addition, s'il vous plaît!"

Wer möchte nicht gern Souvenirs mitnehmen, Sie sind sich allerdings unsicher, was etwas kostet? Dann fragen Sie „Combien coûte (Gegenstand, Teil, dass Sie kaufen möchten)?"

Anders sieht es aus, wenn Sie von jemandem etwas gefragt werden. Meistens reicht es, einmal die Schultern zu zucken oder den Kopf zu schütteln. Dennoch ist es höflicher, wenn Sie den entsprechenden Satz kennen, dieser lautet „Je ne parle pas français".

Dann noch einmal Eingang „Entrée" sowie Ausgang „Sortie". Kommen wir zum nächsten Teil.

FRANZÖSISCH TEIL 3

Fangen wir mit den Zahlen an.

Eins „un".

Zwei „deux"

Drei „trois"

Vier „quatre"

Fünf „cinq"

Sechs „six"

Sieben „sept"

Acht „huit"

Neun „neuf"

und Zehn „dix".

Die Wochentage zu wissen, ist natürlich auch nicht verkehrt. Ich liste sie Ihnen einmal auf:

Montag „lundi"

Dienstag „mardi"

Mittwoch „mercredi"

Donnerstag „jeudi"

Freitag „vendredi"

Samstag „samedi"

Und Sonntag „dimanche"

Sie sehen, es ist wirklich nicht so schwierig.

Zum Abschluss ein kleines Fazit

Sie sehen, es lohnt sich, nach Paris zu reisen, an einem Austauschprogramm teilzunehmen oder doch auszuwandern. Eventuell verspüren Sie auch die Lust darauf, die gesamte Sprache zu lernen? Es gibt jede Menge Sprachkurse online. Die gängigste ist „Babbel". Diese ist relativ übersichtlich und, bis zu einem gewissen Grad, kostenfrei. Oder Sie kennen sogar jemanden, der französisch beherrscht.

Diese besondere Hauptstadt ist sehr kulturell und steckt voller Geschichte. Ein Besuch dieser bezaubernden Stadt ist definitiv empfehlenswert. Schon allein der Ausblick vom Eiffelturm ist unbeschreiblich.

Außerdem sagt man auch, der Himmel in Paris sei schöner, höher und blauer. Aber ob das stimmt? Eventuell werden Sie es bald selbst herausfinden?

Ich kann Ihnen nur sagen, dass ich Ihnen auf jeden Fall eine Menge Spaß in Paris wünsche.

Packliste

Geld & Finanzen

O (evtl.) Auslandswährung
O Bargeld
O Bauchtasche
O Brustbeutel
O Bauchtasche
O EC-Karte
O Kreditkarte
O Notfall-Telefonnummern der Banken
O Portmonee

Hygiene

O Haarbürste / Kamm
O Deo (klein)
O Shampoo
O Kulturtasche
O Sonnencreme
O Taschentücher

O Reise-Zahnbürste und Zahnpasta
O Verhütungsmittel

Kleidung

O Badeklamotten
O Gürtel
O Hosen kurz / lang
O Mütze / Cap / Hut
O Pullover
O Regenjacke
O Schlafanzug
O Socken
O Sonnenbrille
O Sportklamotten / Jogginghose
O T-Shirts
O Unterwäsche

Medikamente

O Blasenpflaster
O Anti-Durchfalltabletten
O Erste-Hilfe-Set

O Fiebertabletten

O Fiebertabletten

O Mückenschutz

O sonstige Medikamente

O Pflaster

O Kopfschmerztabletten

Unterlagen & Papiere

O ADAC Unterlagen

O Adresslisten für Postkarten

O Krankversicherungsnachweis

O Stadtplan

O Führerschein

O Unterlagen für die Unterkunft

O Wasserdichte Hülle für Reiseunterlagen

O Impfausweis

O Mietwagenunterlagen

O Personalausweis

O Reisepass

O Reisetagebuch

O evtl. Studentenausweis

O evtl. Visum
O Zug- / Bahn- / Flugticket

Taschen & Rucksäcke

O Koffer / Trolley / Reisetasche
O Regenhülle für Rucksack
O Rucksack

Schuhe

O Badeschlappen / Hausschuhe
O Schuhe und Wechselschuhe

Sonstiges

O Brille / Kontaktlinsen und Etui
O Buch zum Lesen
O Ohrenstöpsel und Schlafmaske
O Regenschirm
O Reisedecke
O Wasserflasche
O Wörterbuch

Elektronik

O Digitalkamera
O Handy
O Ladekabel
O Kopfhörer
O evtl. Steckdosenadapter
O Power-Bank

Herstellung und Verlag:

BoD – Books on Demand, Norderstedt

ISBN: 9783751957656

© Lisa Weber 2020

1. Auflage

Kontakt: Psiana eCom UG/ Berumer Str. 44/ 26844 Jemgum

Covergestaltung: Fenna Larsson

Coverfoto: depositphotos.com